РУССКО-АНГЛІЙСКІЕ
РАЗГОВОРЫ.

RUSSIAN ENGLISH

PHRAS OOK,

SPECI E

USE OF TRADERS, AND TEACHERS.

Bʏ AGAPI ARENKO.

SAN FRANCISCO:

A. ROMAN & COMPANY,

17 MERCER STREET, NEW YORK.

1860.

PREFACE.

Our relations with the coasts of Asiatic Russia are but just commenced, and must grow to be more and more important with every year; and for every purpose of amity and commerce a knowledge of the Russian language must be of the greatest advantage to the Americans of the Pacific Coast.

The Russian language is easy, and full of delicate and rich forms. The literature has already many noble works to boast of, and its future is full of promise. To assist in spreading the knowledge of this tongue we have established the first Russian press ever set up in America. Our work may be considered as the commencement of an intimate union with Siberia, that land of undeveloped riches; and for its practical value in business and social life we respectfully submit our volume to the intelligent public.

THE AUTHOR.

San Francisco, March, 1868

Предисловіе.

Моя сильная вѣра, въ грядущую судьбу—единодушной работы—Сибиряка и Американца, побудили поставить здѣсь первый русскій станокъ.

Русскій языкъ и русская литература, по своей возвышенности, равносильны съ другими цивилизованными народами.

Сознавая это, считаю необходимымъ, положить начало преподаванія русскаго языка въ Америкѣ.

Для сего дѣлаемъ сіе изданіе, въ которомъ напечатаемъ: русскую азбуку, сокращенную русскую грамматику, и разговоры ежедневной жизни. Надѣясь доставить публикѣ, существенную пользу въ международныхъ отношеніяхъ.

Агапій.

INDEX.

RUSSIAN GRAMMAR.

Alphabet of the Russian Language.

The Russian alphabet consists of thirty-five letters :—

Аа	Бб	Вв	Гг	Дд	Ее	Жж	Зз	Ии	Ii	Кк
a	b	v	h	d	e	j	z	e	e	k

Лл	Мм	Нн	Оо	Пп	Рр	Сс	Тт	Уу	Фф	Хх	Цц
l	m	n	o	p	r	s	t	u	f	ch	c

Чч	Шш	Щщ	Ъъ	Ыы	Ьь	Ѣѣ	Ээ	Юю	Яя
ch	sh	sch	er	ere	er	et	a	iu	ia

Ѳѳ	Йй.
th	ec.

а б в г д е ж з и і к л м н о п р с т у
ф х ц ч ш щ ъ ы ь ѣ э ю я ѳ й.

PRONUNCIATION.

In Russian, there are eleven vowels, viz : а, е, и, і, о, у, ы, ѣ, э, ю, я.

а,	as	in father ;
е,	as	in yet ;
и,	as	in me ;
і,	as	in me ;
о,	as	in not ;
у,	as	in boot ;
ы,	as	in sq*ui*b ;
ѣ,	as	in yet (soft) ;
э,	as	in yet (strong) ;
ю,	as	in m*u*te :
я,	as	in *y*am.

Three semi-vowels, viz : й, ъ, ь.

й, as *е,* in m*e,* uttered with impulse, after intervening pause.

ъ, makes consonant before *it,* end harsh.

ь, makes consonant before *it,* end soft.

Twenty one consonants, viz : б, в, г, · д, ж, з, к, л, м, н, п, р, с, т, ф, х, ц, ч, ш, щ, ѳ.

ба, бе, би, бі, бо, бу, бы, бѣ, бэ, бю, бя.

баба, беру, бить, быть, бобы, бѣда, буду

ва, ве, ви, ві, во, ву, вы, вѣ, вэ, вю, вя.

ваша, веселіе, высокій, воскресеніе, вѣра, вюга.

га, ге, ги, го, гу, *га, гу*.

Гагаринъ, *государь*, гусь, господство.

да, де, ди, ді, до, ду, дѣ, дю, дя.

даю, держу, дира, домъ, душа, дышу, дядюшка.

ма, ме, ми, мі, мо, му, мѣ, мю, мя.

маменька, меня, милосердіе, міръ, мудрость.

па, пе, пи, по, пѣ, пя.

папа, Петръ, пиво, піонеръ, попъ, пѣна.

та, те, ти, то, ту, ты, тѣ, тя.

Татаринъ, темя, титулъ, торговля, тюрма.

та, те, ти, то, ту, ты, тв, тя.

тебя, торговля, Турокъ, тяжба.

ща, ще, щи, що, щу, щѣ.

щастіе, щитать, щолкать, щетина.

ча, че, чи, чо, чу, чѣ.

чародѣй, человѣкъ, читать, чудакъ.

ца, це, ци, цо, цу, ця.

Царь, церковь, цыганъ, цѣлый.

REMARKS.

The exact sound of the letters can be obtained only from the living teacher, and by repeating after him. A few lessons would, however, prove sufficient for an apt scholar to enable him to overcome all the difficulties of Russian pronunciation.

PARTS OF SPEECH.

There are *nine* parts of speech:

1. The Noun (Имя Существительное).
2. Adjective (Имя Прилагательное).
3. Pronoun (Мѣстоименіе).
4. Numerals (Имя Числительное).
5. Verb (Глаголъ).
6. Preposition (Предлогъ).
7. Adverb (Нарѣчіе).
8. Conjunction (Союзъ).
9. Interjection (Междометіе).

I. NOUNS.

Nouns have : Gender, Number and Case.

GENDER.—There are *three* genders, which are distinguished by the noun termination.

Masculine. All nouns ending in—ъ, й, ь, are masculine, as : человѣкъ, Андрей, Царь.

Feminine. All nouns ending in—а, я, ь, are feminine, as : жена, змѣя, ношь.

Neuter. All nouns ending in—о, е, мя, are neuter, as : село, поле, имя.

NUMBER. Nouns have *two* numbers, Singular and Plural, distinguished by their terminations.

CASE. There are *seven* cases, distinguished by their terminations. The Nominative, Genitive, Dative, Accusative, Vocative, Ablative and Prepositional Objective.

Nouns the names of animate objects form their Genitive and Accusative alike, and nouns the names of inanimate objects, form their Accusative like the Nominative in both numbers.

In the declination of names, the Vocative and the Nominative are alike, except names of persons, titles, and the direct address, which end in—о, е, и, as: Дѣво Маріе, Сыне Божій, Христе, Боже.

DECLINATION TABLE.

	MASCULINE			FEMININE			NEUTER		
	SINGULAR.			*SINGULAR.*			*SINGULAR.*		
N.	ъ	й	ь	а	я	ь	о	е	мя
G.	а	я	я	ы	и	и	а	я	мени
D.	у	ю	ю	ѣ	ѣ	и	у	ю	мени
Ac.	ъ, а	й, я	ь, я	у	ю	ь	о	е	мя
Ab.	омъ	емъ	емъ	ою, ой	ею, ей	ью, ію	омъ	емъ	менемъ
P.	ѣ	ѣ	ѣ	ѣ	ѣ	и	ѣ	ѣ	мени
	PLURAL.			*PLURAL.*			*PLURAL.*		
N.	ы	и	и	ы	и	и	а	я	мена
G.	овъ	евъ	ей	ъ	ь	ей	ъ	ей	менъ
D.	ямъ	ямъ	ямъ	амъ	ямъ	ямъ	амъ	ямъ	менамъ
Ac.	ы, овъ	и, евъ	и, ей	ы, ъ	и, ь	и, ей	а	я	мена
Ab.	ами	ями	ями	ами	ями	ьми	ами	ями	менами
P.	ахъ	яхъ	яхъ	ахъ	яхъ	яхъ	ахъ	яхъ	менахъ

Sin. N. & V. человѣкъ, man. G. человѣка, of man. D. человѣку, to man. Acc. человѣка, man. Ab. человѣкомъ, man. P. о человѣкѣ, man. Plur. N. & V. люди, men. G. людей, of men. D. людямъ, to men. Acc. людей, men. Ab. людьми, men. P. о людяхъ, men.

The Nominative and Vocative correspond with the English Nominative, the Genitive with the English Possessive, the Accusative with the English Objective after a verb, and the Dative, Ablative and Prepositional Objective with the English Objective after a preposition.

II. ADJECTIVE.

Adjectives always precede nouns, and agree with the nouns, to which they are joined, in gender, number and case.

Adjectives admit of comparison, and have *three* degrees, Positive, Comparative and Superlative, distinguished by a syllable termination in the regular form of comparison. The terminations are, as follows :—Pos. богатый, reach. Com. богаче. Sup. богатѣйшій. Ветхій. old; ветше; ветшайшій.

EXAMPLE OF DECLINATION.

SINGULAR.

MASCULINE.	FEMININE.	NEUTER.
N. Добрый *good*	добрая	доброе
G. добраго	доброй	добраго
D. доброму	доброй	доброму
Ac. добрый—аго	добрую	доброе
Ab. добрымъ	доброю	добрымъ
P. добромъ	доброй	добромъ

PLURAL.

N. добрые	добрыя	добрыя
G. добрыхъ	добрыхъ	добрыхъ
D. добрымъ	добрымъ	добрымъ
Ac. добрые—ыхъ	добрыя--ыхъ	добрыя
Ab. добрыми	добрыми	добрыми
P. добрыхъ	добрыхъ	добрыхъ

III. PRONOUN.

All pronouns are divided into *eight* principal classes: Personal, Reflexive, Possessive, Demonstrative, Interrogative, Indefinite, Relative and Definite. Pronouns are again divided, according to their signification and form, into Substantive and Adjective.

Substantive personal pronouns : Sing. N. Я, I. G. меня, of me. D. мнѣ, to me. Acc. меня, me. Ab. мною, me. P. обо мнѣ. Plur. N. мы, we. G. насъ, of us. D. намъ, to us. Acc. насъ, us. Ab. нами, us. P. о насъ, us.

IV. NUMERALS.

They are divided into *four* classes, viz : Cardinals, Ordinals, Multiples and Fractionals.

Numerals, like pronouns, are divided, according to their signification and form, into Substantive and Adjective numerals.

V. VERB.

Verbs are divided into the following classes :— Active, Passive, Middle or Reflexive, Neuter-Reflexive and Neuter. They have two forms of Conjugation : Regular and Irregular.

REGULAR.—Infinitive : Наполнять, to fill. Indicative mood—Present tense: Я наполняю, I fill ; ты наполняешь, thou fillest; онъ наполняетъ, he fills ; мы наполняемъ, we fill ; вы наполняете, you fill ; они наполняютъ, they fill. Imperfect tense:

Я наполнялъ, I filled. Future tense: Я буду наполнять, I will fill. Imperative tense: Наполняй,
fill. Present participle: Наполняющій and напол-
няя, filling. Perfect participle : Наполненъ and
наполнившій, filled.

This brief sketch of the Russian Grammar prepared by the
AUTHOR, is to show the American scholar, that the language
is quite easy. Scholars in reading Russian dialogues will
perceive the delicacy and richness of the language.

RUSSIAN AND ENGLISH DIALOGUES.

THE WEATHER AND THE SEASONS.

It rains.
Дождь идетъ.
Dojd edat.

We shall have rain.
Будетъ дождь.
Budet dojd.

It rains fast.
Идетъ сильпый дождь.
Edat selnee dojd.

I am quite wet.
Я обмокъ.
Ia obmok.

I am completely drenched.
Я весь промокъ.
Ia ves promok.

It is windy.
Вѣтрено.
Vietreno.

It has left off raining.
Дождь прошелъ.
Dojd proshel.

The wind is getting up.
Вѣтеръ поднимается.
Vieter podnimaetsia.

The wind blows high
Вѣтеръ силенъ.
Vieter selen.

The wind has changed.
Вѣтеръ перемѣнился.
Vieter peremenelsia.

A dreadful snow-storm.
Ужасная вьюга.
Uzasnaia wiuga.

A chiling blast.
Самый холодный вѣтеръ.
Samee cholodnee vieter.

Snow-drift.

Метель, метелица.

Metel, meteletsa.

A sharp, bleak north-wind.

Рѣзкій сѣверный вѣтеръ.

Riezkee severnee vieter.

The dust is flying very
much.

Пыльно.

Pelno.

Dew is falling.

Падаетъ роса.

Padaet rosa.

It snows.

Снѣгъ идетъ.

Sneg edet.

The snow is melting away.

Снѣгъ таетъ.

Sneg taet.

It is hot.

Жарко.

Zarko.

It is bitterly cold to-day.

Очень холодно сегодня.

Ochen cholodno segodnia.

I feel warm.

Мнѣ жарко.

Mnie zarko.

I am cold.

Мнѣ холодно, я озябъ.

Mnie-cholodno, ia oziab.

The heat is insupportable.

Жаръ несносенъ.

Zar nesnosen.

The sun is burning, scorching.

Солнце жжетъ, печетъ.

Solntze zjet, pechet.

The atmosphere is hazy.

Воздухъ тумаиенъ.

Vozduch tumanen.

The thunder rolls.

Громъ гремитъ

Grom gremet.

Oh, how hot it is.
Ахъ, какъ жарко.
Ah, kak zjarko.

A thunderbolt has fallen.
Молнія ударила.
Molnca udarila.

The weather is stormy.
Бурно.
Burno.

The thunderstorm has ceased.
Гроза прошла.
Groza proshla.

SPRING, SUMMER, AUTUMN, WINTER.

The trees begin to be decked with leaves and blossoms.
Деревья покрываются листьями и цвѣтами.
Derevia pokrevaiutsia lestiame e plodame.

The country-people are going again about their agricultural labors.
Земледѣльцы принимаются опять за свою полевую работу.
Zemlediclci prinimaiutsia opiat za svoiu polevuiu rabotu.

The trees have borne much fruit.
Дерев:я принесли много плодовъ.
Derevia prenesle mnogo plodow.

The gardens are perfumed with the fragrancy of flowers
Сады наполнены запахомъ цвѣтовъ.
Sade napolnane zapachamo tevictow.

The crop will be plentiful.

Жатва будетъ богата.

Jatva budet bogata.

The grapes have failed.

Виноградъ не уродился.

Venograd ne urodelsia.

The wine will be dear.

Вино будетъ дорого.

Veno budet dorogo.

It freezes.

Морозитъ.

Morozet.

It freezes very hard.

Трескучій морозъ.

Traskuchee moroz.

The river is frozen over.

Рѣка стала.

Rieka stala.

Warm yourself.

Погрѣйтесь.

Pogreetes.

I am quite stiff, benumbed
with cold.

The days are very short.

Дни очень коротки.

Dne ochen korotke.

The trees are covered with rime.

Деревья покрыты инеемъ.

Derevia pokrete enaem.

Winter draws near, is at hand.

Наступаетъ зима.

Nastupaet zema.

One can slide without danger.

Можно кататься по льду.

Mozno   katatsia po ldu.

My nose is frost-bitten.

Я себѣ ознобилъ носъ.

Ya sebie oznobel nos.

The heat is increasing.

Теплота увеличивается.

Teplota uvelechevaetsia.

I am extremely sensible to cold.

Я чрезвычайно зябокъ.

Ya chrezuichaeno zyabok.

In Russia one can scarcely do
without a fur-cloak.

Я весь оцѣпенѣлъ отъ стужи.

Ya ves ociepeniel ot stuze.

It is well sitting near the fire-side.

Пріятно грѣться у огня.

Preyatno hretsia u ognia.

Въ Россіи не можно обойтись безъ шубы.

W Rossee ne mozjno obocctes bez shube.

An inundation is apprehended.

Боятся наводненія.

Boiatsya navodneniya.

Thus far, we have given in English words, the exact pronunciation of the Russian. But we think it no longer necessary to write out the pronunciation, as the English scholar, can by spending three hours with a Russian, learn the pronunciation correctly, which with the few pages already written, will give all necessary instruction.

TIME.

The sun rises.

Солнце восходитъ.

It is day-light.

Свѣтло.

It is quite dark.

Все темно.

The moon rose.

Мѣсяцъ поднимается.

It will soon be night.
Скоро настанетъ ночь.

The sun is setting.
Солнце заходитъ.

It is night.
Теперь (ужь) ночь.

In the evening, in the night.
Вечеромъ, ночью.

A month hence.
Черезъ мѣсяцъ.

Half a year ago.
Полгода тому назадъ.

What is the day of the month?
Которое число сегодня?

The seventh.
Седмое.

Last year.
Въ прошедшемъ году.

Every minute.
Каждую минуту.

The moon shines.
Луна свѣтитъ.

Half-moon.
Полумѣсячіе.

The day after to morrow.
Послѣ завтра.

The other day.
Не давно.

Every day.
Всякой день.

Every other day.
На другой день.

To morrow will be a holy-day.
Завтра будетъ праздничный день.

Instantly.
Сей часъ, тотчасъ.

To day is my birth-day.
Я сегодня имянинникъ.

My birth-day.
День моего рожденія.

MONTHS.

January.

Январь.

February.

Февраль.

March.

Мартъ.

April.

Апрѣль.

May.

Май.

June.

Іюнь.

July.

Іюль.

August.

Августъ.

September.

Сентябрь.

October. ·

Октябрь.

November.

Ноябрь.

December.

Декабрь.

THE DAYS OF THE WEEK.

Sunday.

Воскресенье.

Monday.

Попедѣльникъ.

Tuesday.

Вторникъ.

Wednesday

Среда.

Thursday.

Четвергъ.

Friday.

Пятница.

Saturday.

Суббота.

FEASTS.

Christmas.
Рождество Христово.
New Year.
Новый годъ.
Lent.
Постъ.
Palm Sunday.
Вербное воскресенье.
Good Friday.
Великая пятница.

Easter.
Свѣтлое Воскресеніе.
Pentecost.
Духовъ день.
Trinity Sunday.
Тройцинъ день.
Ascension Day.
Вознесеніе.
Midsummer day.
Ивановъ ден .

THE AGE.

How old are you?
Сколько вамъ лѣтъ.
I am thirty years old.
Мнѣ тридцать лѣтъ.
I am older than you.
Я васъ старше.
You are rather young.
Вы очень молоды.
How old is your sister?
Который годъ вашей

He is still a bachelor.
Онъ еще холостъ.
My eldest brother is married.
Старшій братъ женился.
He is but six years old.
Ему только шесть лѣтъ.
He does not look his age.
Сего не видно.
His brother is of age.
Братъ его совершенно

сестрицѣ ?

He enjoys a green old age.

Опъ еще бодрый ста-рикъ.

Both sexes.

Мужескій и женскій полъ.

A man.

Мужчина.

A woman.

Женщина.

A child.

Дитя.

A boy, a lad.

Мальчикъ, отрокъ.

New-married people.

Молодые супруги.

Are your parents still alive ?

Живы ли еще ваши родители ?

Does your father still live ?

Живъ ли еще вашъ отецъ ?

лѣтенъ.

He is at the point of death.

Опъ при самой смерти; при кончинѣ.

A youth.

Юноша, молодой чело-вѣкъ.

A girl.

Дѣвица.

An old maid.

Старая дѣвица.

Betrothment.

Обрученіе.

The marriage.

Женитьба.

A widower.

Вдовецъ.

I have three sons and two daughters.

У меня три сына и двѣ дочери.

They are near relations.

Они близкія родствен-ники.

How many children have you?

Сколько у васъ дѣтей?

The ancestors.

Предки.

The descendants.

Потомство.

The pedigree.

Родословное дерево.

The grandmother.

Бабушка.

The nephew, the niece.

Племянникъ, племян-
ница.

He is the very picture of the mother.

Онъ весь въ матушку.

The cousin.

Двоюродный братъ.

The son in law.

Зять.

The daughter in law

Невѣстка.

God mother.

Крестная мать.

Foster mother.

Воспитательница, корми-
лица.

GETTING UP.

Awake!

Проснитесь!

Get up!

Вставайте.

It is time to get up.

Пора вставать.

Are you still asleep?

Вы еще спите?

Are you not yet awake?

Вы еще не проснулись?

It is broad day.

Уже со всѣмъ свѣтло.

You have got up very early, I think.

Кажется что вы очень рано встали.

How did you sleep last night ?

Какъ спали вы прошлую ночь?

I have not closed my eyes ; I did not sleep a wink.

Я не сомкнулъ глазъ во всю ночь.

The more one sleeps, the more one likes to sleep.

Чѣмъ больше спишь, тѣмъ больше хочется спать.

I have been awake the whole night.

Я просидѣлъ цѣлую ночь безъ сна.

I was fast asleep when you came.

Я крѣпко спалъ, когда вы пришли.

When I am in the country, I always get up at sunrise.

На дачѣ я всегда встаю съ восходомъ солнца.

I shall soon be ready, have the kindness to step into my cabinet.

Я скоро буду готовъ, потрудитесь войти въ мой кабинетъ

DRESS.

Dress quickly !

Одѣвайтесь скорѣе.

I shall not be long in dressing.

Я не долго буду одѣваться.

Where is my dressing gown ?

Где мой халатъ-(шлаф-рокъ).

Here is the basin with fresh water and the wash-ball.

Вотъ лоханка съ чистою водою, и мыло.

Wash your face and hands.

Умойте себѣ руки и лице.

Dry them with this towel.

Вытрите ихъ этимъ полотенцомъ.

You do not comb your hair.

Вы не причесываете вашихъ волосовъ.

I will put on boots.

Я хочу надѣть сапоги.

Have you got my blue coat scoured ?

Вычищено ли мое синее платье?

Bring me a clean white shirt.

Подай мнѣ чистую рубашку.

Give me some water to rinse my mouth.

Дай мнѣ воды выполоскать ротъ.

Your hands are very dirty.

Ваши руки очень грязны.

Have you cut your nails ?

Обрѣзали ли вы ваши ногти ?

I must shave myself.

Мнѣ надобно выбриться.

Have you cleaned them ?

Вычистилъ ли ты ихъ ?

It is torn.

Оно разорвано.

Put on your coat.

Надѣньте ваше платье.

This coat suits you very well.

Это платье вамъ очень пристало.

It fits you admirably.

Это вамъ чрезвычайно идетъ.

Brush my hat.

Вычистите мою шляпу.

This hat suits you well.

Эта шляпа вамъ къ лицу.

You are plainly and properly dressed.

Вы одѣты просто и чисто.

You dress yourself with much taste.

Вы одѣваетесь со вкусомъ.

Put my toilet in order..

Приготовь мой уборный столикъ.

This lace won't do.

Этотъ шнурокъ не годится.

Let the lace go a little.

Спусти не много спурокъ.

Look, if my neck-kerchief is straight behind.

Посмотри, прямо ли сидитъ косинка моя съ зади.　·

Fasten it with a pin.

Приколи ее.

You prick me.

Ты меня колешь.

It is not well pinned.

Она не хорошо прико-
лота.

Pull up my sleeves.

Завороти мнѣ рукава.

Put on my necklace.

Надѣнь мнѣ мое ожерелье.

Give me my ear-rings.

Подай мнѣ серьги.

Have you done dressing ?

Кончили ли вы вашъ
уборъ ?

GOING TO BED.

It is time to go to bed.

Пора-спать-ложиться.

I do not like sitting up late.

Я не люблю вечеромъ
долго сидѣть.

I am sleepy.

Мнѣ хочется спать.

Is my bed made ?

Послана ли моя постель ?

Warm the bed.

Нагрѣй постель.

Undress yourself !

Раздѣньтесь !

Pull off your coat.

Pull off your shoes and stock-
ings.

Снимите ваше платье.

Снимите башмаки и чулки.

Help me to get out of my
coat.

Tell the servant to undress the
children.

Помоги мнѣ снять платье.

Скажи служанкѣ, чтобъ она раздѣла дѣтей.

Are you well covered up ?

I shall cover myself up warmer.

Хорошо ли вы покрыли себя ?

Я получше покроюсь.

Put out the light.

I shall not neglect it.

Погаси свѣчу.

Слушаю.

THE HUMAN RACE.

The soul is immortal.

He is a man of genius.

Душа безсмертна.

Это умный человѣкъ.

His brother has a strong constitution.

He is a man of the old stamp.

Его братъ крѣпкаго сложенія.

Онъ человѣкъ рѣдкой честности.

He is the first of honest men.

He is a good-natured man.

Онъ самый честный человѣкъ.

Это добросердечный человѣкъ.

He lords it.

He has a stately gait.

Онъ боярится.

Онъ гордится.

He is a poor wretch.

Онъ бѣднякъ.

What a serious and-sedate air.

Какой степенный и важный человѣкъ.

He is a perfect scholar.

Онъ преученый человѣкъ.

He is a jovial companion.

Онъ весельчакъ.

He is a silly man.

Онъ очень простъ.

It is very low with him.

Онъ разорился.

A man not to be depended upon.

Ненадежный человѣкъ.

He is a confounded liar.

Онъ лжетъ безстыдно.

She is a perfect, brilliant beauty.

Это блистательная красавица.

He is in easy circumstances.

Онъ достаточенъ.

What a cold countenance.

Какой холодный, нечувствительный человѣкъ.

He is exceedingly witty.

Онъ чрезмѣрно .остроуменъ.

He is a wrong-headed man.

Онъ кривотолкъ.

He is a very studied rascal.

Онъ превеликій плутъ.

He is a sharper.

Онъ мошенникъ.

What a sad grumbler.

Экой брюзга.

He is a drunkard.

Онъ пьяница.

She carries herself like a queen.

У нея благородный станъ.

She has an engaging air.
У нея плѣпяющій видъ.

She is well-shaped.
Она хорошо сложена.

She has a fair set of teeth.
У нея прекрасныя зубы.

She has a dimple in each cheek.
У нея ямочки на щекахъ.

She draws all hearts to her.
Она плѣняетъ сердце всѣхъ людей.

Is she fair or dark ?
Бѣлокура ли опа, или брюнетка..

She is now prettier than she ever was.
Опа прекраспѣе, пежели когда либо.

She is rather corpulent.
.Она очень толста.

She is near sighted.
У нея мутныя глаза.

Her face is pock-marked.
Ея лицо изрыто оспою.

She paints an inch thick.
Она слишкомъ румянится.

She affects the air of a prude.
Опа слишкомъ жеманится.

She has a bad character.
Она женщина злобнаго нрава.

She is melancholy.
Опа весьма печальна.

The forehead.
Лобъ.

The eyes.
Глаза.

The mouth.
Ротъ.

The lips.
Губы.

Wrinkles.
Морщины.

The palate.
Небо.

The flesh.
Тѣло.

The beard.
Борода.

The whiskers.
Бакенбарды.

The mustache.
Усы.

The neck.
Шея.

The throat.
Горло.

The back.
Спина.

The arms.
Руки.

The shoulders.
Плечи.

The knee.
Колѣно.

The nails.
Ногти.

The fist.
Кулакъ.

The toes.
Пальцы на ногахъ.

The stomach.
Желудокъ.

The five senses.
Пять чувствъ.

Feeling, touch.
Ощущеніе, озязаніе.

The sight.
Зрѣніе.

Hearing.
Слухъ.

Smelling.
Обоняніе.

The taste.
Вкусъ.

The spirit.
Духъ.

Reason.
Разумъ, умъ.

Thought.
Мысль.

Judgment.
Разсудокъ.

Will.
Воля.

Imagination.
Воображеніе.

Temper.
Темпераментъ.

To laugh.
Смѣяться.

To weep.
Плакать.

To whistle.
Свистѣть.

HEALTH.

Good day, Sir.
Здравствуйте!

How do you do, Sir?
Какъ вы поживаете?

I hope, I see you well?
Все ли вы здоровы?

I am well, I thank you.
Покорно благодарю, я здоровъ.

Perfectly well.
Я въ наилучшемъ здоровьѣ.

How is your father, Sir?
Здоровъ ли вашъ батюшка?

So so, middling.

По маленьку.

Rather poorly.

Не такъ то здоровъ.

And your mother?

А ваша матушка?

She must keep her bed.

Она въ постелѣ.

She is in low spirits.

Она не въ духѣ.

I sincerely regret it.

Крайне сожалѣю.

She is obliged to keep her room.

Она не выходитъ изъ комнаты.

I am very sorry to hear it.

Это мнѣ очень прискорб-но.

What ails you, Sir?

Что съ вами?

Is anything the matter with you?

Не больны ли вы?

You look rather poorly.

Вы очень блѣдны.

My eyes are inflamed.

У меня глаза воспалены.

He is half dead.

Онъ полумертвъ.

He is worse.

Ему стало хуже.

It is all over with him.

Онъ пропалъ.

Do not fear, he will soon recover his health.

Не бойтесь, онъ по-правится.

His wounds are healing.

Раны его заживаютъ.

Are all your family well?

Все ли ваше семейство здорово?

Thank God, they are all well.

Слава Богу, всѣ въ добромъ здоровьѣ.

How is little Tom ?

Какъ поживаетъ нашъ маленькій Ѳома ?

He has had the measles.

У него была корь.

He feels a great deal better to day.

Ему гораздо лучше сего дня.

Is your lady in good health ?

Здорова ли ваша супруга ?

The physician has cured her.

Лекарь лечилъ ее.

She has got a cold.

Она простудилась.

She coughs the whole night.

Она всю ночь кашляетъ.

How is your good old grandfather?

Какъ поживаетъ вашъ добрый дѣдушка ?

His health is but delicate.

Его здоровье очень слабо.

His strength begins to fail him.

Силы его уменьшаются.

He has been rather-gouty of late.

Онъ одержимъ подагрою.

I wish you a speedy recovery.

Я желаю вамъ скораго выздоровленія.

Good bye, Sir.

Прощайте !

Patient.	Medicine.
Больный.	Лекарство.
Prescription.	A chemist.
Рецептъ.	Аптекарь.
Diet.	Lint.
Діэта.	Корпія,
A cold.	Cough.
Простуда.	Кашель.
Palpitation of the heart.	A fever.
Біеніе сердца.	Лихорадка.
Gout.	Dysentery.
Подагра.	Кровавый поносъ.
Consumption.	Apoplexy.
Сухотка.	Параличь.
Cramp.	Swoon.
Судорга.	Обморокъ.
Plague.	A corn.
Чума.	Мозоль.
A wart	To bleed.
Бородавка.	Пускать кровь.

BREAKFAST.

Is breakfast ready ?	Breakfast is on the table.
Готовъ ли завтракъ ?	Завтракъ поданъ.

Have you breakfasted, Sir? Not yet.

Завтракали ли вы уже? Нѣтъ еще.

Pray, do me the honor
to come and take a cup
of tea with me.

With pleasure. ·

Сдѣлайте мнѣ честь
выпить со мною
чашку чаю.

Съ удовольствіемъ.

I am thirsty

Мнѣ пить хочется.

I am very hungry.

Я очень голоденъ.

I have a good appetite.

У меня хорошій апе-
титъ.

You come in the nick of time.

Вы пришли очень кстати.

What shall I offer you?

Что могу я вамъ пред-
ложить?

Do you prefer coffee or tea?

Что прикажете, кофе или
чаю?

I should thank you for a
cup of tea.

Пожалуйте мнѣ чашку
чаю.

I will make the tea.

Я сдѣлаю чай.

Bring the tea-pot, the urn and the canister.

Пришеси мнѣ само-варъ, чайникъ и чай-ницу.

The water boils already.

Вода кипитъ.

Pour out the tea.

Разливайте чай.

The tea is very weak.

Чай очень слабъ.

I like strong tea

Я люблю крѣпкій чай.

Is this green tea ?

Это зеленый чай ?

No, it is black tea.

Нѣтъ, это черный чай.

Your tea is getting cold.

Вашъ чай простываетъ.

I prefer coffee.

Я предпочитаю кофе.

Is this strong enough ?

Довольно ли онъ крѣпокъ ?

It is excellent.

Кофе превосходный.

It is genuine mocha.

Это настоящій мокскій кофе.

Is it sweet enough ?

Довольно ли сладокъ ?

Take some sugar.

Возьмите сахару.

Cut some more slices of bread.

Нарѣжьте еще хлѣба.

Give me some bread and butter.

Пожалуйте мнѣ хлѣба съ масломъ.

You have excellent fresh butter.

У васъ превосходное свѣжее масло.

I shall ask you for oysters, if you please.

Пожалуйте мнѣ устрицъ.

Help yourself.

Возьмите.

May I help you to some more ?

Не угодно ли вамъ еще не много.

DINNER.

Lay the cloth.

Накрой столъ.

Let us have napkins.

Подай салфетокъ.

Place the chairs round the table.

Поставь стулья вокругъ стола.

A cover is wanting here.

Здѣсь не достаетъ прибора.

Pray be seated.

Сдѣлайте милость, садитесь.

Will you take some soup ?

Не угодно ли вамъ не много супу ?

I will thank you for a little.

Пожалуйте мнѣ не много.

I will carve this beef.

Я разрѣжу эту говядину.

Do you like beef?

Не угодно ли вамъ говядины?

I shall thank you for a little slice.

Дайте мнѣ кусочекъ.

May I give you a little fat?

Хотите ли жирный кусокъ?

A little lean if you please.

Дайте мнѣ не такъ жирный кусокъ.

A little of each.

Не много того и другаго.

This beef is excellent.

Это отличная говядина.

It is very tender.

Она очень мягка.

This roast beef is overdone.

Это жаркое пережарено.

May I trouble you for a little gravy?

Пожалуйте мнѣ не много соуса.

This gravy is too highly seasoned.

Въ этомъ соусѣ слишкомъ много приправъ.

Take some vegetables.

Возьмите зелени.

Yes, I like it very much.

Да, я очень люблю ее.

I am much afraid of the bones.

Я слишкомъ боюсь костей.

Then take a piece of eel.

Возьмите кусочекъ угря.

You drink nothing.

Вы не пьете.

I will keep to Sherry.

Я пью Хересъ.

Pray, taste this Burgundy.

Отвѣдайте прошу васъ, этого Бурбонскаго.

How do you find it?

Какъ вы его находите?

This wine is excellent.

Вино это превосходно.

You do not fill your glass.

Вы не наполняете вашего стакана.

Ladies, your health.

Ваше здоровье, суда-рыни.

You do me much honor, Sir.

Вы мнѣ дѣлаете много чести.

John, change the plates.

Иванъ перемѣни та-релки.

Serve up the dessert.

Подай десертъ.

This pear is of a choice species.

Вотъ груши прекрас-наго вкуса.

Will you not take some of this pastry, or of these sweetmeats?

Не возьмете ли пирожнаго и конфектовъ.

No, I thank you; I can eat no more.

Покорнѣйше благода-рю, мнѣ не возмож-но болѣе кушать.

You are a poor eater.

Вы очень худой ѣдокъ.

You do not eat anything.

I beg your pardon, I have eaten a great deal.

Вы ничего не кушаете. Извините, я много ѣлъ.

Well then, let us rise from dinner.

Clear the table.

Ну, господа, вста-немъ-те изъ за стола. Уберите со стола.

SUPPER.

Will you take your supper with us ?

With all my heart, if you do not stand upon ceremonies.

Не угодно ли вамъ отужинать съ нами ?

Очень охотно, если вы не будете церемо-ниться.

I shall not.

Do not make any particular preparations for me.

Вовсе не буду.

Сдѣлайте намъ честь съ нами отужинать.

Bread and cheese will do.

Prepare the salad.

Хлѣбъ съ сыромъ до-статочны.

Приготовьте салатъ.

Here is the salad-dish.

Get it well seasoned.

Вотъ салатникъ.

Приправьте его хорошо.

It is not well cleaned.

Онъ не хорошо вымытъ.

Have you put salt to it?

Посолили ли вы его?

There is no salt in it.

Въ немъ нѣтъ соли.

There is but little pepper in it.

Въ немъ мало перцу.

Bring wine-glasses and tumblers.

Принеси рюмки и стаканы.

I like your small beer better

Я предпочитаю ваше легкое пиво.

The candles burn dimly.

Свѣчи худо свѣтятъ.

Snuff the candle.

Снимите со свѣчи.

It is time to go.

Время разойтись.

No, I must go home.

Нѣтъ, я долженъ возвратиться домой.

Permit me to accompany you to the door.

Позвольте васъ проводить до дверей.

Give me leave to light you.

Позвольте мнѣ посвѣтить вамъ.

Well, then, I wish you safe home.

Прощайте, будьте здоровы.

Farewell, until we meet again.

До свиданія.

The cloth.
Скатерть.

A napkin.
Салфетка.

A knife.
Ножикъ.

A fork.
Вилка.

A spoon.
Ложка.

The sugar-basin.
Сахарница.

Brown bread.
Черный хлѣбъ.

The crumb.
Мякишь.

The crust.
Корка.

Home-baked bread.
Домашній хлѣбъ.

Dry bread.
Черствый хлѣбъ.

Cabbage-soup.
Щи.

Smoked beef.
Копченая говядина.

Salt meat, salt pork.
Солонина.

Beef's tongue.
Языкъ.

Cutlets.
Котлеты.

Mutton-chops.
Бараньи котлеты.

Pork.
Свинина.

Mutton.
Баранина.

Omelet.
Яичница.

Pancake.
Блины.

Potatoes.
Картофель.

Beans.
Бобы.

Onions.
Лукъ.

Cabbage.
Капуста.

Radishes.
Рѣдьки.

Spinage.
Шпинатъ.

Cauliflower.
Цвѣтная капуста.

Sour-krout.
Кислая капуста

Rice.
Сарачинское пшено.

Buckwheat.
Гречиха.

Vermicelli.
Лапша.

Flour.
Мука.

Horse-radish.
Хрѣнъ.

Artichokes.
Артишоки.

Parsley.
Петрушка.

Garlic.
Чеснокъ.

Lemons.
Лимоны.

Olives.
Маслины.

Cherries.
Вишни.

Melons.
Дыни.

Figs.
Винныя ягоды.

Prunes.
Черносливы.

Chesnuts.
Каштаны.

Almonds.
Миндаль.

Oranges
Апельсины.

Cake.

Пирогъ.

Biscuit.

Сухари.

Brandy.

Водка.

Claret.

Бордонское вино.

Hungary wine.

Венгерское вино.

Cocoa.

Какао.

THE HOUSE.

Are you the porter of this house ?

Ты ли дворникъ этого дома ?

Can you show it me ?

Можешь ли мнѣ показать его ?

I like this entrance very much.

Входъ мнѣ очень нравится.

Have you many inmates ?

Много ли у васъ жильцевъ.

The ground floor and the second story are let.

Нижній и второй этажъ заняты.

That wicket there leads to the bath.

Эта маленькая дверь ведетъ въ купальню.

Where are the stables and coach-houses ?

Here at the bottom of the first yard.

Гдѣ конюшни и сараи?

Здѣсь на концѣ этого двора.

Let us see the furniture.

It is very rich but old-fashioned.

Посмотримъ мебель.

Она весьма богата, но старомодна.

Is there a well in the yard ?

Yes, Sir, the water is very good.

Нѣтъ ли колодезя на дворѣ?

Есть, сударь, вода въ немъ очень хороша.

Well, the bargain is concluded.

When do you mean to take possession of your lodgings ?

Хорошо, то мы согласны.

Когда вы думаете перебраться въ ваше жилье.

I will come to-morrow morning.

Every thing will be ready.

Я прійду завтра по утру.

Все будетъ готово.

The main building.

The back part.

Главное строеніе.

Заднее строеніе.

The gateway.

The street door.

Въѣздъ.

Входъ.

The lock.
Замокъ.

The key.
Ключь.

A bolt.
Задвижка.

The bell.
Звонокъ.

The hall, saloon.
Зала.

Closet.
Чуланъ.

The stove.
Печка.

The wash house.
Прачечная.

A balcony.
Балконъ.

The shutters.
Ставни.

A looking glass.
Зеркало.

A cushion.
Подушки.

A candlestick.
Подсвѣчники.

A basket.
Корзина.

A carpet.
Коверъ.

Curtains.
Занавѣски.

A broom.
Вѣникъ.

A pot.
Горшекъ.

A bucket.
Ведро.

A pitcher.
Кружка.

Coals.
Уголь.

Ashes.
Зола.

A VISIT.

Come in !

Войдите !

Pray be seated, Sir ; here is a chair, sit down.

Сдѣлайте одолженіе, садитесь, вотъ стулъ.

I thank you, I am not tired.

Покорнѣйше благодарю, я не усталъ.

We have not seen you at home for a long time.

Ужъ сколько лѣтъ васъ не видно.

Permit me to present you Mr. N.

Имѣю честь представить вамъ господина Н.

He is an old friend of mine.

Мы съ нимъ старые знакомые.

How long have you been in this country ?

Давно ли вы въ здѣшнемъ краю ?

Do you intend to make any stay with us ?

Долго ли вы намѣрены пробыть здѣсь ?

What news is there ? What is the news of the day ?

Что новаго ? что нынѣ разсказываютъ.

What do they speak of in town ?

Что говорятъ въ городѣ ?

War is spoken of.

Говорятъ о войнѣ.

He was turned out of his place.

Его уволили отъ службы.

I am very sensible to your kind attention.

Благодарю васъ за вниманіе.

Good bye, Sir. I give you my respects.

Прощайте, мое почтеніе.

THE GARDEN

Let us take a turn in the garden.

Пойдемъ прогуляться по саду.

Your gardener is praise-worthy.

Вашъ садовникъ до-стохваленъ.

They are beautiful.

Они чудесны.

How do you call these flowers?

Какъ назовете вы эти цвѣты?

Your garden is in the best order.

Вашъ садъ въ наилуч-шемъ порядкѣ.

Come and see these flowers.

Посмотрите на эти цвѣты.

The roses are already in blossom.

Розы ужъ цвѣтутъ.

This is a pink, the other is a ranunculus.

Вотъ это гвоздика, а дру-гой ранункулъ.

My sister is making a wreath for herself.

Моя сестра плететъ себѣ вѣнки.

Who has picked this rose?

Кто сорвалъ сію розу.

How thick the plums hang.

Какое множество сливъ.

Let us go and look at the vegetables.

Пойдемъ осмотримъ овощи.

Let us sit down on the greensward.

Сядемъ на траву (дернъ).

This plant takes root.

Это растѣніе пуска- стъ коренья.

The shell.

Шелуха.

How sweet this little flower smells.

Какъ мило пахнетъ сей цвѣточекъ.

Where is your nursery?

Гдѣ вашъ фруктовый садъ?

The grapes of this country have renown.

Виноградъ въ этой земли славенъ.

What a number of cabbages.

Какое множество капусты.

The grass is closely cut.

Трава коротко отрѣзана.

There is a fine alley of poplars.

Вотъ прекрасная тополе- вая аллея.

A vine-branch.

Виноградная лоза.

The oak.

Дубъ.

The beech.

Букъ.

The willow.

Ива.

The weeping-willow.

Вавилонская верба.

The cedar.

Кедръ.

The palm.

Пальмовое дерево.

The laurel.

Лавровое дерево.

The lemon-tree.

Лимонное дерево.

A water-melon.

Арбузъ.

A cherry.

Вишня.

The cherry-tree.

Вишневое дерево.

The chestnut-tree.

Каштановое дерево.

A fig-tree.

Смоковница.

An olive-tree.

Маслина.

A rose-tree.

Розовый кустъ.

A pomegranate.

Гранатное яблоко.

Poisonous plants.

Ядовитыя растѣнія.

Hops.

Хмѣль.

Flax.

Ленъ.

Peony.

Піопія

Mignonette.

Резеда.

Sun-flower.

Подсолнечникъ.

Crown imperial.

Царскій вѣнецъ.

Rosemary.

Росмаринъ.

THE COUNTRY.

I shall set out to-morrow for the country.

Я ѣду завтра въ деревню.

The village lies in the midst of the wood.

Деревня лежитъ среди лѣса.

There is a fine mansion.

Вотъ прекрасный барскій домъ.

Let us go towards the river.

Пойдемъ къ рѣкѣ.

How pure and beneficial the country air is.

Какъ чистъ и благотворенъ сельскій воздухъ.

Are you skilled in husbandry ?

Знаете ли вы сельское хозяйство.

I have hired a summer-lodging.

Я нанялъ лѣтнюю квартиру.

I like mountain scenery.

Я очень люблю гористыя страны.

Shall we cross this field?

Перейдемъ ли чрезъ это поле ?

The banks of the river are delightful.

Берега рѣки прелестны.

I hope the change of air will entirely re-establish my health.

Надѣюсь что перемѣна воздуха возстановитъ мое здоровье.

A little.

Не много.

Every thing on this estate yields a plentiful crop.

Это помѣстье даетъ полный доходъ.

'Tis a very pleasant walk.

Эта прогулка весьма пріятна.

A plain.

Равнина.

A bush.

Кустарникъ.

A chain of mountains.

Хребетъ горъ.

The top.

Вершина горы.

A vine-yard.

Виноградный-садъ.

A village.

Деревня.

A sheep-cot.

Овчарня.

A village inn.

Кабакъ.

The avenues of this park are magnificent.

Аллеи этаго парка прелестны.

A vale, valley.

Долина.

A forest.

Роща.

A mountain.

Гора.

A rock.

Скала.

A desert.

Пустыня.

A lake.

Озеро.

A cottage.

Хижина.

A mill.

Мѣльница.

A flock of sheep.

Стадо овецъ.

A herd of cattle.
Стадо быковъ.

A drover.
Скотоводъ.

Agriculture.
Земледѣліе.

An acre.
Десятина земли.

A bee-hive.
Улей.

Honey.
Медъ.

Wax.
Воскъ.

A driving-way.
Проѣзжая дорога.

The cattle feed on that meadow.
Скотина пасется на этомъ лугу.

He was attacked by a wild beast, by a beast of prey.
На него напалъ хищный звѣрь.

A great many birds perched upon that tree.
Множество птицъ сѣло на сіе дерево.

The birds have pecked at that fruit.
Птицы поклевали эти плоды.

The bird is moulting.
Птица линяетъ.

The eagle is a bird of prey.
Орелъ есть хищная птица.

The sparrows begin to build.
Воробьи начинаютъ вить гнѣзда.

See that flight of starlings which is passing there.
Посмотрите-ка, тамъ летитъ стая скворцевъ.

It is an amphibious animal.

Это земноводное животное.

The dog barks.

Собака лаетъ.

The horse neighs.

Лошадь ржетъ.

The bear grumbles.

Медвѣдь ворчитъ.

The cat mews.

Кошка мяучитъ.

The raven croaks.

Воронъ гаркаетъ.

The cock crows.

Пѣтухъ поетъ.

The geese cackle.

Гуси крякаютъ.

The pullets peep.

Цыплята пищатъ.

The serpent hisses.

Змѣя шипитъ.

Do you hear the buzzing of the beetles?

Слышите ли жужжаніе жуковъ.

The sheep bleat.

Овцы блеятъ.

The wolf howls.

Волкъ воетъ.

The lion roars.

Левъ реветъ.

The eagle cries.

Орелъ кричитъ.

The frogs croak.

Лягушки квакаютъ.

The doves coo.

Голуби воркуютъ.

The sparrow chirps.

Воробей чирикаетъ.

The mouse whistles.

Мышь пищитъ

The bees buzz.

Пчелы жужжатъ.

TRAVELING.

When do you mean to set out ?

Когда вы думаете ѣхать ?

Is it a journey for pleasure ?

Для увеселенія дѣлаете ли вы эту поѣздку.

I hope you will be back shortly.

Надѣюсь что вы скоро будете назадъ.

As soon as I shall have dispatched my business.

Лишь только управлюсь съ своими дѣлами.

How many days are required to come to ...?

Сколько дней надобно, чтобы пріѣхать въ—?

I shall start for Paris to-morrow.

Я ѣду завтра въ Парижъ.

No Sir, some important business calls me there.

Нѣтъ сударь, я ѣду туда по важнымъ дѣламъ.

How soon will you come back ?

Когда вы думаете возвратиться ?

How far is it from here to N.?

Сколько верстъ отсюда до Н.?

I will travel by post.

Я ѣду почтою.

Are there any rivers to be crossed ?

Надобно ли переправляться чрезъ рѣки.

The roads are but indifferent.

Дороги не очень хороши.

Are there any mountains to pass ?

Нужно ли проѣзжать чрезъ горы ?

They are tolerable.

Опи порядочны.

Send some one for my baggage.

Пришлите мнѣ человѣка чтобъ онъ спесъ мои вещи.

Is the trunk well fastened ?

Крѣпко ли привязанъ чемоданъ ?

Are there any good inns on the road ?

Есть ли на этомъ трактѣ хорошія гостиницы ?

They are impassable in winter.

Зимою опѣ непроходимы.

The country is quite flat.

Страна совсѣмъ плоска.

What is the fare ?

Сколько надобно платить за мѣсто.

Have you put my luggage up ?

Уложили ли вы мои вещи ?

Yes, the cords are very tight.

Да, веревки очень притянуты.

Well then, good-bye, gen-
tlemen.

Господа, желаю вамъ
счастливаго пути.

Drive on (all right), postboy!

Ямщикъ пошелъ (ступай)!

Are you comfortable in
your seat?

Удобно ли вы сидите?

Would you allow me to stretch
my legs a little.

Позвольте мнѣ протянуть
не много ноги.

Do you object to smok-
ing?

Не безпокоитъ ли васъ
табачный дымъ?

Is this parcel in your way?

Не безпокоитъ ли васъ
эта связка.

Not in the least. I am
perfectly at my ease.

Ни мало. Я хорошо
сижу.

You do not in the least incon-
venience me.

Вы меня ни мало не без-
покоите.

I'll be very glad of enjoy-
ing your company.

Ваше общество для
меня будетъ весьма
пріятно.

Have you ever been over this
part of the country?

Объѣзжали ли вы ужо сію
страну.

Several times.

Нѣсколько разъ.

I know the road perfectly.

Я совершенно знаю этотъ
трактъ.

What do they call the hamlet on that hill ?

Какъ называется деревня на томъ пригоркѣ ?

Where do we stop for dinner, supper ?

Гдѣ мы остановимся обѣдать, ужинать ?

About half a mile.

Около полумили.

How far have we gone already ?

Сколько мы проѣхали ?

What a fine landscape!

Какой прекрасный видъ.

I will let the window down.

Я опущу окно.

The postboy drives fast.

Ямщикъ ѣдетъ проворно.

Where shall we spend the first night ?

Гдѣ мы проведемъ первую ночь ?

Is it far to the next stage?

Далеко ли еще до станціи.

Do they change horses there?

Перемѣняютъ ли тамъ лошадей ?

We have already travelled two stages.

Мы уже проѣхали двѣ станціи.

The dust is very annoying.

Пыль очень непріятна.

What are we stopping for ?

Зачѣмъ же мы остановились ?

We are sticking in a hole.

Мы увязли въ грязи.

Riding in a coach fatigues me excessively.

Я ужасно усталъ отъ дороги.

The coach will be off again in a minute.

Дилижансъ сейчасъ же отправится.

We will try and take a nap.

Попробуемъ заснуть.

Wake up, gentlemen! rouse up! we are at B.

Проснитесь господа, вотъ и доѣхали.

Get the carriage ready directly.

Вели тотъ часъ снять поклажу съ кареты.

We have been jolted in this coach.

Эта коляска насъ очень трясла.

Let us step in again.

Сядемъ опять въ коляску.

Awake us when any thing remarkable occurs.

Разбуди насъ коль скоро увидишь нѣчто замѣчательнаго.

Do we alight here?

Выйдемъ ли мы здѣсь?

Can I take my luggage with me?

Могу ли взять мои вещи со мною?

THE SCHOOL.

To what school do you go? I go to the Grammar School.

Въ какомъ вы училищѣ? Я въ гимназіи.

It is said to be a very good school.

Сказываютъ что это самое лучшее училище.

Who gives the elementary instruction?

Кто учитъ первымъ началамъ?

He is a professor of elocution.

Онъ профессоръ Риторики.

He also professes mathematics.

Онъ учитъ также математикѣ.

He instructs very well.

Онъ учитъ очень хорошо.

He gives a solid instruction.

Онъ учитъ основательно.

His method is excellent.

Его метода превосходна.

He does not know his lesson.

Онъ не знаетъ своего урока.

Why has he not learned it?

Зачѣмъ онъ не выучилъ его.

He is somewhat lazy.

Онъ немпожко лѣнивъ.

Do you understand the passage ?

Понимаете ли вы это мѣсто.

Read it again.

Читайте его снова.

I cannot find the word in the dictionary.

Я не могу найти этого слова въ словарѣ.

Can you apply the rules ?

Можете ли вы приложить правила ?

I do not understand them.

Я ихъ не понимаю.

Shall I explain them to you ?

Хотите я вамъ ихъ изъ-ясню.

There are several mistakes in your exercise.

Въ этой задачѣ есть различныя ошибки.

Be so kind as to correct them.

Сдѣлайте милость, исправьте ихъ.

The teacher has given me much to do.

Учитель мнѣ много задалъ.

Say your lesson.

Сказывай свой урокъ.

What are you reading ?

Что читаете вы ?

I read the newspaper.

Я читаю газеты.

Read this letter to me.
Прочитайте мнѣ это письмо.

Read a little slower.
Читайте по тише.

Read low, aloud.
Читайте тихо, громко.

Spell this word.
Складывайте это слово.

Try to decipher the letters.
Смотрите не можете ли вы его разобрать.

Have you read this book?
Читали ли вы это сочиненіе.

I only turned over the leaves.
Я оное только перелистывалъ.

I have read the book through.
Я прочиталъ все это сочиненіе.

You are always poring over your books.
Вы все сидите падъ книгами.

You are always reading.
Вы все читаете.

WRITING.

Can you lend me a sheet of paper?
Можете ли вы одолжить мнѣ листокъ бумаги.

What sort of paper do you want?
Какой угодпо вамъ бумаги?

Some post-paper.

Почтовой бумаги.

I have a letter to write.

Мнѣ надобно писать письмо.

Whom do you write to ?

Къ кому пишете вы ?

I am answering the letter of my father.

Я отвѣчаю на письмо батюшки.

I wrote it in great haste.

Я наскоро написалъ.

Write this properly.

Напишите это какъ слѣдуетъ.

I will write it at leisure.

Я напишу его на свободѣ.

Hold your pen well.

Держите хорошенько ваше перо.

You must hold it so.

Держите его вотъ такъ.

You do not write straight.

Вы пишете не прямо.

I like steel pens better.

Я лучше люблю стальныя перья.

This paper blots.

Эта бумага протекаетъ.

Erase this word.

Вычеркните это слово.

This word is not correctly spelled.

Это слово писано не исправно.

Here you have made a mistake.

Вы ошиблись.

I have finished my letter.

Я кончилъ мое письмо.

You have not yet signed it.

Вы его еще не подписали.

Seal this letter.

Запечатайте это письмо.

Did you take a copy of it ?

Сняли ли вы съ него списокъ.

You must pay the postage.

Вы за него заплатите.

Are there any letters for me ?

Нѣтъ ли писемъ ко мнѣ ?

A letter to be left till called for.

Письмо оставляемое на почтѣ до присылки.

Writing materials.

Потребности письма.

A writing book.

Тетрадь.

A ream.

Стопа бумаги.

A cover.

Конвертъ.

The seal.

Печать.

A pencil.

Карандашъ.

A ruler.

Линейка.

A pen-knife.

Перочинный ножикъ.

A note.

Записка.

A love letter.

Любовное письмо.

A memorial.

Записка.

The signature.

Подпись.

A postscript.

Постскриптъ.

A line.

Строчка.

Caligraphy.

Чистописаніе.

To have fair, a round hand.

Имѣть хорошій почеркъ.

A margin.

Поле.

A copy.

Прописъ.

THE BOOKSELLER.

What is there new in literature ?

Что новаго въ литературѣ ?

I wish to purchase some books.

Я желалъ бы купить книгъ.

Have the kindness to mark the books which suit you.

Замѣтьте книги которыя вамъ понравятся.

Here are the works you request.

Вотъ сочиненія которыя вы требуете.

I should wish to have a copy of—.

Пожалуйте мнѣ экземпляръ—.

What sort of binding do you wish ?

Какой переплетъ вамъ угоденъ ?

Have you got the memoirs of B.?

Имѣете ли вы записки Б—а?

Book trade.

Книжная торговля.

The stationer

Торгующій бумагою.

The printer.

Типографчикъ.

A counterfeit.

Перепечатываніе.

The censure.

Цензура.

The translation.

Переводъ.

The cover.

Обвертка.

Writing paper.

Писчая бумага.

A pamphlet.

Брошюра.

The characters.

Литеры.

Don't they think of re-printing them?

Не будутъ ли опое вновь печатать.

The publisher.

Издатель.

The book-binder.

Переплетчикъ.

The author.

Сочинитель.

A stereotype edition.

Изданіе стереотипное.

Manuscript.

Рукопись.

The title-page.

Заглавный листъ.

Printing paper.

Типографская бумага.

Parchment.

Пергаментъ.

Morocco.

Сафьянъ.

A tract.

Маленькое сочиненіе.

COMMERCE.

I have bought a hat.

Я купилъ себѣ шляпу.

Where did you buy ?

Гдѣ вы ее купили?

I bought it in this shop.

Я ее купилъ въ этой лавкѣ.

This shop has many customers.

Въ этой лавкѣ много покупателей.

How much did it cost you ?

Что вамъ это стоитъ ?

What did you pay for it ?

Сколько вы заплотили ?

That is not dear.

Это не дорого.

It is a moderate price.

Это умѣренная цѣна.

I have made a good bargain.

Я сдѣлалъ хорошую покупку.

I got it very cheap there.

Я здѣсь сошелся довольно хорошо.

He must sell at a loss.

Онъ долженъ продать съ убыткомъ.

How much did he charge you ?

Сколько онъ потребовалъ ?

At what price does he sell it ?

Какъ дорого онъ это продаетъ ?

I bought it at two dollars a yard.

Я это купилъ два доллара аршинъ.

You paid too much for it.

Вы это слишкомъ дорого заплатили.

That is an exorbitant price.

Это необыкновенно дорого.

This jewel cost him fifty dollars.

Этотъ алмазъ ему сто-итъ пятьдесятъ дол-ларовъ.

It is too dear for me.

Это для меня слишкомъ дорого.

He has overcharged you for these goods.

Онъ запросилъ слиш-комъ за эти товари.

I bought it upon trust.

Я это купилъ въ долгъ.

I got it for half the price.

Я купилъ это за поло-вину цѣны.

I bought it at first hand.

Я купилъ это изъ первой руки.

I bought it at a public sale.

Я купилъ это съ пуб-личнаго торга.

He buys things at the wholesale price.

Онъ покупаетъ съ гурто-вой продажи.

I paid dear for that favor.

Я дорого заплатилъ за эту милость.

He sells for ready money.

Онъ продаетъ на чистыя деньги.

That sells very well.

Это хорошо раску-пается.

The goods met a rapid sale.

Эти товары имѣли быстрый расходъ.

He has splendid shawls
exposed for sale.

Онъ выставилъ пре-
красныя шали въ
продажу.

They are selling off.

Они продаютъ на рас-
плату.

He has received a fresh
supply.

Они получили новый
привозъ товаровъ.

Will you deal with me ?

Окончимъ ли мы это дѣло ?

How much do you charge
for that ?

Что просите вы за это ?

How much do you ask for it?

Сколько нужно мнѣ вамъ
за это заплатить.

It is a set price.

Это рѣшительная цѣна.

I sell it under the regular price

Я это продаю за безцѣ-
нокъ.

I don't exact.

Я не запрашиваю лиш-
няго.

I cannot give it you for less.

Я не могу вамъ это усту-
пить дешевле.

It bears a high price.

Цѣна этому товару
высока.

It will retain its value.

Онъ держится въ цѣнѣ.

It is fluctuating in price.

Цѣны возвышаются, уменьшаются.

He stood higgling for a penny.

Онъ торговался о копейкѣ.

I will pay you in advance.

Я вамъ заплачу впередъ.

Payable by installments.

Платить по срокамъ.

He has discharged his debts.

Онъ уплатилъ свои долги.

I have spent my money.

Я выдалъ деньги.

He paid me with ingratitude.

Онъ заплатилъ мнѣ неблагодарностію.

If you will let me have it for a dollar.

Если бы вы уступили мнѣ за долларъ.

He has cheapened this cloth. this horse.

Онъ торговалъ это сукно, сію лошадь.

To pay down.

Платить наличными деньгами.

He has paid a bill.

Онъ уплатилъ по счету.

He is quit with me.

Онъ расквитался со мною.

I will pay myself.

Я самъ себѣ заплочу.

He shall pay for his folly.

Онъ дорого плотитъ за свою глупость.

It cost me much time.

Это стоило мнѣ много времени.

How much trouble it costs him.

Сколько ему это стоитъ.

He pays me with fine speeches.

Онъ отдѣлывается ласковыми словами.

He pays dear for it.

Это стоитъ ему большихъ денегъ.

At any cost.

Во что бы то ни стало.

That is too expensive.

Это очень убыточно.

To my cost.

На мой счетъ.

He owes every body.

Онъ всякому долженъ.

He owes me ten dollars.

Онъ долженъ мнѣ десять долларовъ.

So much is still owing.

Вы должны еще столько-то.

He is in debt to me.

Онъ мой должникъ.

I owe him nothing.

Я ему ничего не долженъ.

It is the duty of my office.

Это моя должность.

He lives from his savings.

Онъ живетъ сбереженіемъ.

I have some to spare.

У меня есть лишнее.

I save very much by that.

Это для меня большое сбереженіе.

He is too saving.

Онъ слишкомъ бережливъ.

Save something for a rainy day.

Береги денежку на черный день.

He lends money at interest. | The percentage is very high.

Онъ даетъ деньги въ рость.

Ростъ очень высокъ.

Can you advance me this sum.

Give me your single bond.

Можете ли вы дать мнѣ сію сумму впередъ.

Дайте мнѣ только росписку.

I borrow of a friend.

He is always borrowing.

Я занимаю у моего друга.

Онъ безпрестанно занимаетъ.

He is my security.

I give my word for him.

Онъ порукою за меня.

Я отвѣчаю за него.

He is good security.

Do you guarantee it ?

Это надежная порука.

Отвѣчаете ли вы за это.

I warrant it good.

He must find bail.

Я вамъ ручаюсь.

Онъ долженъ имѣть поруку.

PHRASES IN COMMON USE.

Who is there ?

It is I.

Кто тамъ ?

Это я.

Is it really you ?

Правда ли, что это вы ?

It is he.

Это онъ.

Here I am.

Вотъ я.

There she is.

Вотъ она.

How many are there of you? There were twenty of us.

Сколько васъ ?

Насъ было двадцать человѣкъ.

I am well here.

Мнѣ здѣсь хорошо.

It is good being here.

Здѣсь хорошо, весело.

Are these your horses ?

Это ли ваши лошади.

Yes, they are.

Да, лошади мои.

What day is this ?

Какой у насъ сегодня день ?

It is Thursday.

Сегодня Четвертокъ.

Who are they ?

Кто онѣ таковы ?

What is that ?

Что это такое ?

That is true.

Это правда.

You are right.

Вы правы.

Once for all.

Одинъ разъ на всегда.

Is that all ?

Это все.

It is not probable.

Это не вѣроятно.

I will have it so.

Я хочу чтобъ это было такъ.

It is absolutely necessary.

Это необходимо.

It is not amiss.

Это не дурно.

I am above it.

Я превыше этого.

That is quite as well.

Это столь же хорошо.

That is a different thing.

Это другое дѣло.

I am here these three days.

Я здѣсь три дня.

There will be enough for me.

Этого для меня будетъ довольно.

There is room enough for two.

Здѣсь довольно мѣста для двухъ.

There were great festivities.

Тамъ были большія увеселенія.

It is not necessary.

Это не нужно.

It is all the same to me.

Мнѣ все равно.

It is best so.

Это лучше всего.

Every day is not Sunday.

Не всякій день праздникъ.

Is it long since

Давно ли?

There is no such thing.

Тамъ этого нѣтъ.

There is nothing for you.

Здѣсь для васъ ничего нѣтъ.

This is the reason why I did it.

Вотъ почему я это сдѣлалъ.

After the concert there was a ball.

Послѣ концерта былъ балъ.

That house is his.

Сей домъ ему при-
надлежитъ.

I am entirely yours.

Я вамъ совершенно пре-
данъ.

He is an honest man.

Онъ честный человѣкъ.

Such is man.

Вотъ каковъ свѣтъ.

How happy should I be!

Какъ бы я былъ счаст-
ливъ!

It is to be presumed.

Можно полагать.

I have a house of my own.

Я имѣю свой домъ.

Who owns this house?

Кому принадлежитъ этотъ
домъ.

It is his own property.

Это его собственное
имѣніе.

He has an estate.

У него есть помѣстье.

He has got money.

У него есть деньги.

I have not enough money
about me.

Со мною не довольно
денегъ.

He used to have many
friends.

У него было много
друзей.

He has neither house nor home.

У него нѣтъ настоящаго
жилища.

I have a mind for walking.
Мнѣ хочется гулять.

You have a fair opportunity.
Вы имѣете удобный случай.

How many horses have you got?
Сколько у васъ лошадей?

I have two.
У меня ихъ двѣ.

I must speak with you.
Мнѣ надобно говорить съ вами.

I have not much time.
У меня не много времени.

Every one has his own way.
У всякаго свои привычки.

Every body has his peculiar whims.
У всякаго свои слабости·

Where are you going?
Куда вы идете?

Where are you going so fast?
Куда идете вы такъ скоро?

I am going home.
Я иду домой.

Where shall we go to?
Куда пойдемъ мы?

Which way?
Куда?

This way, that way.
Сюда, туда.

Go straight along.
Ступайте прямо.

Go up stairs.
Ступайте вверхъ.

Will you go with us? I shall go along with you.

Пойдете ли вы съ нами? Я пойду съ вами.

They go into the country. We shall go on foot.

Они поѣдутъ въ де- Мы пойдемъ пѣшкомъ.
ревню.

I shall not go far. He is going to school.

Я пойду не далеко. Онъ идетъ въ школу.

We went to the park. You are out of the right way.

Мы пошли въ паркъ. Вы сбились съ дороги.

Go your way. He stood in my way.

Убирайтесь. Онъ мѣшалъ мнѣ пройти.

Get you gone! Go there.

Ступайте! Поди туда.

Will you go there? He is going there.

Идете ли вы туда. Онъ идетъ туда.

I shall go there to-day. I will go there directly.

Я пойду туда сегодня. Я сейчасъ туда иду.

Do not go there? Is he gone?

Развѣ вы туда нейдете? Ушелъ ли онъ?

He is going away. He has made off.

Онъ уходитъ. Онъ выбрался отсюда.

It is time to go. Do you often go there?

Пора уйти. Часто ли вы тамъ бываете?

They go in troops.

Опи идутъ толпою.

What are you going to do?

Что вы будете дѣлать?

I shall go out now.

Я выйду.

He is out.

Опъ вышелъ.

I come from home.

Я иду изъ дома.

On my way home.

Когда я шелъ домой.

Come along.

Ну подите-жъ.

Come here.

Подите сюда.

There he comes.

Вотъ и онъ.

Does he come alone?

Одинъ ли онъ идетъ.

Why do you come so late?

За чѣмъ приходите вы такъ поздно?

What were you going to say?

Что вы хотѣли сказать.

Will you go out to day?

Выйдете ли вы сегодня?

He is just gone out.

Онъ только что вышелъ.

Where do you come from?

Откуда вы идете?

When I came home.

Когда я пришелъ домой.

Come home with me.

Подите ко мнѣ.

He is long in coming.

Онъ долго нейдетъ.

When will he come?

Когда онъ пріѣдетъ.

I see him come.

Я вижу онъ идетъ.

What did he come about?

За чѣмъ онъ пришелъ?

Has the mail arrived?

Пришла ли почта.

Come back as soon as possible.

Возвращайтесь поскорѣе.

I'll be back in a moment.

Я скоро возвращусь.

Did he come home ?

Возвратился ли онъ домой ?

I shall dine out to-day.

Я сегодня обѣдаю не дома.

He ran away.

Онъ убѣгаетъ.

Time flies away.

Время летитъ.

It cannot be avoided.

Это не избѣжно.

Follow me.

Слѣдуйте за мною.

I will follow you.

Я слѣдую за вами.

You must come along with me

Вы послѣдуете за мною.

He will soon follow us.

Онъ скоро за нами послѣдуетъ.

Let us follow his example.

Слѣдуемъ его примѣру.

Bring me your book.

Принесите мнѣ вашу книгу.

What news do you bring ?

Какія новости имѣете вы.

The bearer of the letter.

Податель письма.

Bring it back.

Отнесите это назадъ.

Fetch a candle.

Принеси свѣчу.

I will go for him instantly.

Я сейчасъ пойду за нимъ.

Send for him.

Пошлите за нимъ.

Bring me my horse.

Приведите мнѣ лошадь.

I carry it about me.

Я ношу это съ собою.

She is in mourning.

Она носитъ трауръ.

To give a toast.

Пить за здоровье.

He bears friendship for him.

Онъ къ нему имѣетъ дружбу.

Tie up that parcel.

Свяжите этотъ пакетъ.

Tie that knot a little harder.

Стяните узолъ по крѣпче.

Do not throw it away.

Не выбросьте это.

My heart beats.

У меня сердце бьется.

Strike the iron while it is hot.

Куй желѣзо, пока горячо.

The fire broke out in that room.

Въ этой комнатѣ загорѣлось.

Better to bend than break.

Лучше уступить, не жели вредъ получить.

Let me alone.

Оставьте меня въ покоѣ.

Let that alone.

Довольно этого.

I have left it upon my table.

Я оставилъ это на столѣ.

He left word.

Онъ оставилъ приказъ.

I must leave you.

Я долженъ васъ оставить.

I dropped my watch.

Я уронилъ свои часы.

He fell from his horse.

Онъ упалъ съ лошади.

See that every thing is ready.

Чтобы все было готово.

It was ready, at hand.

Это было готово, подъ рукою.

Open the door.

Отворите дверь.

Shut the door.

Затворите дверь.

The door is locked.

Дверь заперта.

Lock up your money.

Спрячьте ваши деньги.

Did you see him?

Видѣли ли вы его?

It is evident.

Это очевидно.

See if he is come.

Посмотрите, пришелъ ли онъ.

See who is there.

Посмотрите, кто это.

As you see.

Какъ видите.

Did you not notice it?

Непримѣтили ли вы это?

I could not get sight of him.

Я не могъ его видѣть.

That is seen at a distance.

Это издали видно.

Look nearer at it.

Взгляните на это по ближе.

Well, we will see.

Ну, посмотримъ.

I foresaw this event.

Я предвидѣлъ это со-
бытіе.

Look here!

Смотри.

Look up.

Посмотрите вверхъ.

Do you see that lady?

Видите ли вы эту даму?

What do you think of it?

Что вы думаете объ
этомъ.

It appears so to me.

Мнѣ такъ кажется.

He thinks.

Ему кажется.

If he thinks fit.

Ежели онъ за благо раз-
судитъ.

That appears well to me.

Мнѣ кажется это хо-
рошо.

Listen to me.

Слушайте меня.

He will not hear any thing.

Онъ не хочетъ ничего
слышать.

It is a thing unheard of.

Это не слыхано.

Pray, tell me.

Скажите мнѣ, сдѣлай-
те одолженіе.

What are you going to say?

Что вы хотите сказать.

Who said it?

Кто сказалъ это?

Who has told you so?

Кто вамъ это сказалъ?

As I told you.
Какъ я сказалъ вамъ.

It is said.
Говорятъ.

That is to say.
То есть.

If I may say so.
Такъ сказать.

What do you think of that ?
Что вы думаете объ
этомъ.

Tell me what is the matter.
Скажите мнѣ въ чемъ дѣло.

You need only to speak
a word.
Вамъ остается сказать
только слово.

You don't say so!
Въ правду ли ?

Speak your mind.
Объявите ваше мнѣніе.

Speak freely !
Говорите откровенно.

It is the common talk.
Такъ говорятъ всѣ.

You may say what you please.
Говорите что угодно.

Did you speak with them.
Говорили ли вы съ
ними ?

Be quick.
Говорите коротко.

You talk strangely.
Вы очень странно го-
ворите.

He is a tell-tale.
Онъ пересказываетъ все.

Has nobody asked for me ?
Никто меня не спра-
шивалъ ?

Ask his name.
Спрашивайте у него имя.

Your friend has inquired
for you.
Вашъ другъ васъ спра-
шиваетъ.

He has asked after your
health.
Онъ освѣдомлялся о ва-
шемъ здоровьѣ.

This is a strange question.
Это странный вопросъ.

I will ask you a question.
Я вамъ предложу вопросъ.

What answer did he give
you ?
Что отвѣчалъ онъ
вамъ ?

What is your name ?
Какъ ваше имя ?

My name is George.
Меня зовутъ Геор-
гіемъ.

What do you call that ?
Какъ назовете вы это ?

Call my servants.
Позовите моихъ слу-
жителей.

Are you calling me ?
Вы зовете меня ?

Call him back.
Позовите его назадъ.

What is cried about the street ?
Что кричатъ на улицѣ ?

You have been misinformed.

Вы имѣете объ этомъ невѣрныя извѣстія.

I have received intelligence from the best authority.

Я получилъ достовѣрное извѣстіе.

Do not take it amiss.

Не принимайте это въ другую сторону.

He is in the secret.

Онъ знаетъ тайну.

It makes a fine show.

Это имѣетъ прекрасный видъ.

He will take lessons from you.

Онъ будетъ брать у васъ уроки.

In my opinion.

По моему мнѣнію.

The notice came in too late.

Извѣстіе о томъ пришло слишкомъ поздно.

I advised him of it.

Я сообщилъ ему объ этомъ.

I take it well.

Я принимаю это въ хорошую сторону.

Keep your counsel.

Храните тайну.

He taught me writing.

Онъ научилъ меня писать.

Be advised.

Слѣдуйте моему совѣту.

May I trouble you for it?

Смѣю ли спросить васъ?

Pray be so kind.

Прошу васъ, потрудитесь.

What did he ask of you ?

О чемъ просилъ онъ васъ ?

I assure you.

Увѣряю васъ.

To be sure.

Безъ сомнѣнія.

On my honor.

Какъ честный человѣкъ.

I cannot assert it.

Я не могу утверждать этого.

I grant that he is right.

Я сознаюсь въ томъ, что онъ правъ.

He promised me that he would come.

Онъ далъ мнѣ слово быть.

That is all I can promise.

Это все что я могу обѣщать.

He has given his word.

Онъ далъ слово.

Do as you are bid.

Дѣлайте то, что вамъ велятъ дѣлать.

I am equal to him.

Я ему равенъ.

By way of comparison.

Сравнительно.

He cannot be blamed for it.

Его нельзя винить.

You are greatly mistaken.

Вы жестоко обманываетесь.

He is easily deceived.

Его легко обмануть.

They have imposed upon you.

Вас обманули.

Be quiet.

Замолчите.

Keep your peace.

Молчите.

I am looking for my hat.

Я ищу мою шляпу.

I will consider it.

Я подумаю объ этомъ.

I thought of it.

Я подумалъ объ этомъ.

Do you doubt it?

Не ужели вы сомнѣваетесь.

He called it in question.

Онъ сомнѣвался въ этомъ.

I have quite forgotten it.

Я совершенно забылъ объ этомъ.

It is quite out of my mind.

Это вышло у меня изъ памяти.

Do you know him?

Знаете ли вы его?

I know him by sight.

Я знаю его по виду.

I have been long acquainted with him.

Мы съ нимъ старые знакомые.

I will make you acquainted with him.

Я познакомлю васъ съ нимъ.

He knew me by my voice.

Онъ узналъ меня по голосу.

We recognized him immediately.

Мы его тотъ часъ узнали.

If I had known it.

Если бы я это зналъ.

Don't you know it?

Развѣ вы этого не знаете.

Take my word for it.

Повѣрьте моему слову.

I depend entirely upon you.

Я совершенно полагаюсь на васъ.

You will come, I hope.

Надѣюсь что вы прийдете.

I did not expect it.

Я не ожидалъ этого.

I will wait till he comes.

Я жду его.

What do you want me to do?

Что хотите вы чтобъ я сдѣлалъ?

You will learn it to-morrow.

Вы узнаете это завтра.

I believe you.

Я вѣрю вамъ.

How can I believe that?

Какъ могу я этому повѣрить.

He has been trusted with it.

Ему это ввѣрили.

She still has hopes.

Она не лишилась еще надежды.

That drives him to despair.

Это его привело въ отчаяніе.

Shall I stay for you?

Ожидать ли мнѣ васъ?

He intends to set out to-morrow.

Онъ хочетъ завтра выѣхать.

He does all he can.

Онъ сдѣлаетъ возможное.

I will have it so.

Я хочу чтобъ такъ сдѣлали.

He does not know his own mind.

Онъ не знаетъ чего хочетъ.

She bears ill will against me.

Она желаетъ мнѣ зла.

I wish you all happiness.

Я желаю вамъ всякаго благополучія.

It cannot be.

Это не возможно.

I can do nothing in that affair.

Я ничего не могу сдѣлать въ этомъ случаѣ.

That may be.

Это можетъ быть.

You shall have all that you wish for.

Вамъ дадутъ все чего желаете.

He wishes me well.

Онъ желаетъ мнѣ добра.

He longs for it.

Онъ страстно желаетъ этого.

I should like to know.

Мнѣ хочется знать.

How should it be possible?

Какъ это возможно.

You have great power over him.

Вы имѣете надъ нимъ большую силу.

It may happen.

Это можетъ случится.

I can bear it no longer.

Я не могу болѣе сно-
сить.

The newspaper has been
suppressed.

Газета запрещена.

She acts just as she ought.

Она дѣлаетъ точно то
что должна дѣлать.

He does not behave as he
ought.

Онъ не ведетъ себя
какъ надлежитъ.

What do you resolve upon?

На что рѣшаетесь вы?

He cannot make up his
mind.

Онъ не знаетъ на что
рѣшиться.

I have a great deal to do.

Я имѣю много работы.

It is very possible.

Это очень возможно.

I have taken the liberty.

Я осмѣливаюсь.

He is obliged to do it.

Онъ обязанъ это сдѣлать.

It ought to be so.

Это должно быть такъ.

I was compelled to do it.

Меня принудили къ этому.

What do you intend to do?

Что   предполагаете   вы
дѣлать?

There is nothing   settled   as
yet.

Еще ничто не рѣшено.

I am busied about it.

Я занятъ этимъ.

What do you intend by that?

Что разумѣете вы этимъ?

It is on purpose.

Это сдѣлано съ намѣреніемъ.

I will get it done.

Я велю это сдѣлать.

He did not know what to make of it.

Онъ не зпастъ что дѣлать съ этимъ.

What shall I do with it?

Что мнѣ съ этимъ дѣлать?

Would you do this?

Вы это сдѣлали бы?

What harm have I done you?

Что я вамъ сдѣлалъ?

What is that to you?

Какое вамъ дѣло?

Give us something to eat.

Дайте намъ кушать.

You must give me more.

Вы должны мнѣ больше дать.

Give him ever so little.

Дай ему сколько пибудь.

Give me my change.

Отдайте мнѣ остальпое.

He gave it back to him.

Онъ отдалъ ему это.

I shall return you two-fold.

Я вамъ возвращу вдвое.

Take without ceremony.

Берите безъ церемоніп.

I accept your invitation.

Я припимаю ваше приглашеніе.

Take him along with you.

Берите его съ собою.

He took my hand.

Онъ взялъ меня за руку.

I love your brother with all my heart.

Я отъ всего сердца люблю вашего брата.

He fell in love with her.

Онъ пристрастился къ ней.

I do not like it.

Это мнѣ не нравится.

I make very much of him.

Я его высоко цѣню.

Be not disheartened.

Не унывайте.

Do not be angry.

Не сердитесь.

Why are you weeping?

О чемъ плачете вы?

I am very sorry.

Мнѣ это очень жаль.

Accept what is given to you.

Берите то что вамъ даютъ.

Take it at the top.

Возьмите это сверху.

I like him very much.

Я его очень люблю.

I am no friend to such things.

Я не люблю это.

I am greatly displeased with it.

Мнѣ это очень непріятно.

He makes a wonder of every thing.

Онъ удивляется всему.

I recover myself a little.

Я успокоиваюсь не много.

What do you complain of.

На что жалуетесь вы?

She weeps with sorrow.

Она плачетъ отъ тоски.

I am heartily glad of it.

Это сердечно меня радуетъ.

It is very amusing.

Это очень пріятное занятіе.

It amuses me very much.

Это меня очень забавляетъ.

It is very ridiculous.

Это очень смѣшно.

I was merely joking.

Я только шутилъ.

You played me a trick.

Вы сыграли со мною штуку.

He is a joker.

Это шутъ.

You are a pretty fellow indeed.

Вы право, презабавны.

A joke.

Это шутка.

You are a naughty fellow.

Вы человѣкъ безъ воспитанія.

He abuses every body.

Онъ бранитъ всѣхъ.

Idleness is an inlet to all vices.

Праздность есть мать пороковъ.

Home is home though it be ever so homely.

Всякому свой домъ милъ.

The wind is tolerably fair.

Вѣтеръ попутенъ.

There we are, on board.

Теперь мы на кораблѣ.

Let us go down to the cabin.

Сойдемъ въ каюту.

Where is my place?

Гдѣ мое мѣсто?

Let us go on deck.

Взойдемъ на палубу.

The sea is rough.

Море очень волну-
ется.

Are you subject to sea-
sickness ?

Склонны ли вы къ
морской болѣзни.

Is the mouth of the harbor
safe ?

Удобенъ ли входъ
въ гавань ?

Navigation.

Мореплаваніе.

A squadron.

Эскадра.

A pilot.

Лоцманъ.

A ship.

Корабль.

A frigate.

Фрегатъ.

It is the captain.

Это капитанъ.

The rolling of the vess,
me sick.

Колебаніе корабля мнѣ
наводитъ тошноту.

The sea is calmer.

Море стало тише.

I think, I see the shore.

Мнѣ кажется что вижу
берегъ.

A fleet.

Флотъ.

An admiral.

Адмиралъ.

A sailor.

Матросъ.

A man of war.

Военный корабль.

A corvette.

Корветъ.

A brig.
Бригъ.

A schooner.
Шкуна.

A gun-boat.
Канонирская шлюпка.

A boat.
Лодка.

A life-boat.
Спасительное судно.

A yacht.
Яхта.

The hold.
Трюмъ.

The deck.
Палуба.

A mast.
Мачта.

The rudder.
Кормило.

An oar.
Весло, гребло.

An anchor.
Якорь.

The cable.
Канатъ.

The ropes.
Веревки.

A flag.
Флагъ.

A compass.
Компасъ.

The stern poop.
Корма.

The prow.
Носъ.

The cabin.
Каюта.

A port-hole.
Портъ.

Ballast.
Балластъ.

A cargo.
Грузъ.

To spring a leak.

Течь.

A light-house.

Маякъ.

A dock.

Докъ.

Landing.

Выгрузка.

To caulk.

Конопатить.

To strike the sails.

Снимать паруса.

A cannon.

Пушка.

A musket.

Ружье.

A carabine.

Карабинъ.

A bomb.

Бомба.

To run a ground.

Разбиться.

Dry dock.

Корабельная верфь.

The wet dock.

Пристань.

Loading.

Груженіе.

To hoist the sails.

Поднять паруса.

Sea fight.

Морское сраженіе.

Great gun.

Тяжелое орудіе.

A pistol.

Пистолетъ.

A mortar.

Мортира.

The match.

Фитиль.

THE END.

Printed in the United States
148789LV00001B/119/P